LES

DINDONS DE LA FARCE

COMÉDIE EN TROIS ACTES

Représentée pour la première fois, à Paris, sur le théâtre de l'Athénée-Comique,
le 14 mai 1880.

DIRECTION L. MONTROUGE

IMPRIMERIE GÉNÉRALE DE CHATILLON-SUR-SEINE. — JEANNE ROBERT

LES
DINDONS

DE

LA FARCE

COMÉDIE EN TROIS ACTES

PAR

MM. Charles MONSELET & Alphonse LEMONNIER

PARIS

TRESSE, ÉDITEUR

GALERIE DU THÉATRE-FRANÇAIS

PALAIS-ROYAL

1880

PERSONNAGES

BEAURAYON père...................... MM. Montrouge
VALENTIN BEAURAYON............... Howey.
FORMOSE, négociant .... Allart.
SAINT-OLIVE........................ Duhamel.
TAPHANEL.......................... Donval.
COSROÈS........................... Gayton.
GUICHARD, hôtelier .... Victor Gay.
ONÉSIME........................... Roucoux.
UN NOTAIRE.. .... Forestier.
BAPTISTE.......................... Batté.
MADAME FORMOSE.................. Mmes E. Paurelle.
AMÉLIE, sa fille .... Judith.
ZÉLIA............................. B. d'Albe.
JEANNE............................ Belval.

La scène se passe à Reims, de nos jours.

———————

S'adresser pour la mise en scène à M. Masson, secrétaire
du théâtre de l'Athénée-Comique.

LES
DINDONS DE LA FARCE

ACTE PREMIER

Une salle intérieure de l'hôtel du *Pain d'épice couronné,* à Reims. — A droite et à gauche des tables avec nappes et couverts; grande porte au fond. — Portes sur les côtés.

SCÈNE PREMIÈRE

GUICHARD, ONÉSIME.

ONÉSIME, entrant par le fond, casquette à la main.

Ah! c'est ici.

GUICHARD, assis à une table.

Que demandez-vous?

ONÉSIME.

Je suis le garçon que vous attendez, monsieur...

GUICHARD.

Ah! c'est vous, mon ami, qui voulez entrer comme

1.

garçon de salle dans mon hôtel-restaurant : l'hôtel du *Pain d'épice couronné*, le premier hôtel de Reims ?

ONÉSIME.

Monsieur, c'est mon rêve depuis que j'ai quitté Paris. Le *Pain d'épice couronné*, me suis-je dit, voilà mon but, mon objectif... j'adore le pain d'épice.

GUICHARD.

Vous n'êtes pas dégoûté. Mais cela ne suffit pas. Où avez-vous servi ?

ONÉSIME.

Comme soldat, j'ai fait trois campagnes.

GUICHARD.

Je vous en fais mon compliment. Mais vous ne vous proposez pas comme soldat chez moi, j'imagine ? Où avez-vous servi comme garçon de salle ?

ONÉSIME.

A Paris, aux bains de vapeur du Hammam.

GUICHARD.

Je ne connais pas cet établissement.

ONÉSIME.

Genre oriental, dernier style, cuisine d'après Mahomet.

GUICHARD.

Vraiment ? Puisqu'il en est ainsi, je vous prends à mon service. A partir de ce jour, vous appartenez au personnel du *Pain d'épice couronné*. Comment vous appelez-vous ?

ONÉSIME.

Onésime.

GUICHARD.

Ah! oui, un nom oriental. Je serai peut-être long à m'y faire. Onésime !

ONÉSIME.

Patron?

GUICHARD.

Vous voilà élevé à la dignité de premier garçon de salle. Allez revêtir vos insignes... blanc sur blanc.

ONÉSIME.

Ton sur ton.

GUICHARD.

Ce soir, vous débutez par un dîner de cinquante couverts. Je vous envoie en ville, par extraordinaire. Vous présiderez à l'ordonnance du repas des fiançailles de la demoiselle de M. Formose, un de nos plus riches marchands de champagne de Reims, qui donne cent mille francs de dot à sa fille. Il y a là une belle occasion pour vous distinguer par votre tenue, Onésime, soyez oriental puisque c'est le dernier genre. Allez.

Il le congédie du geste. — Onésime sort par la gauche.

SCÈNE II

GUICHARD, FORMOSE.

FORMOSE, entrant par le fond.

Bonjour, Guichard, bonjour, mon ami.

GUICHARD.

M. Formose chez moi, quel honneur!

FORMOSE.

Je n'ai jamais été fier malgré mes soixante mille livres de rente et ma haute position dans les liquides. Dites-moi, Guichard, avez-vous vu mon gendre?

GUICHARD.

Votre gendre, monsieur Formose, mais je ne le connais pas.

FORMOSE.

Comment, Guichard, vous ne connaissez pas mon gendre! Au fait, cela n'a rien d'étonnant, puisque je ne le connais pas moi-même.

GUICHARD.

Vous ne connaissez pas monsieur votre gendre?

FORMOSE.

Entendons-nous, je sais que Beaurayon (c'est son nom) appartient à une riche famille de marchands de draps à Paris. Sa moralité m'a été garantie par trois amis dignes de ma confiance. Des types comme on dit aujourd'hui. Il n'est pas extrêmement riche, mais vous savez je n'ai jamais été fier. Et puis, je me suis fait envoyer sa photographie... en dégradé .. cela s'appelle ainsi... C'est un joli garçon, son effigie ne plaît pas à ma fille, mais elle plaît à ma femme.

GUICHARD.

C'est tout ce qu'il faut.

FORMOSE.

Oui, Guichard. Est-ce qu'un futur a jamais plu à sa fiancée? Avec ces petits bouts de carton, on ne peut pas juger un cavalier. Ainsi, moi, par exemple, moi je me suis fait faire... pour quatre-vingts francs... La pose était superbe, c'est vrai; j'étais assis devant une table garnie de bouteilles de champagne sortant de ma maison... avec les étiquettes... une coupe de cristal à la main.

Chantant.

Sa liqueur est blonde et vermeille!

GUICHARD, de même.

Son parfum est plus doux encore!

FORMOSE.

Eh bien! ce portrait ne me ressemblait que très loin...
très loin... C'est pour vous dire que ma fille aurait tort
de s'en rapporter à la photographie de Beaurayon.
Mais Amélie a toujours été bizarre, romanesque. (Regardant sa montre.) Onze heures, je me sauve, j'ai une expédition pour midi. Guichard, pensez au repas de ce soir.
Mettez-y tous vos soins. Envoyez-moi vos garçons les plus
distingués avec des gants beurre frais en filoselle.

GUICHARD.

Ah! monsieur Formose, ces recommandations sont
superflues.

FORMOSE.

Je l'espère, mon ami. A bientôt, Guichard, à bientôt.

En sortant il se heurte contre Valentin qui entre.

SCÈNE III

Les Mêmes, VALENTIN BEAURAYON.

VALENTIN, costume de voyageur.

Faites donc attention, s'il vous plaît!...

FORMOSE.

Pardon, monsieur, je ne vous avais pas vu venir... (Le regardant.) Je ne me trompe pas... C'est le dégradé... ce
nez, ces yeux, cette bouche...

VALENTIN, à part.

Qu'est-ce qu'il a donc à me dévisager, cet original?...

FORMOSE.

Guichard, regardez, c'est lui, c'est bien lui... le dégradé...

Il lui passe la photographie.

GUICHARD.

En effet.

FORMOSE.

Ce cher Beaurayon.

VALENTIN.

Vous savez mon nom?

FORMOSE, à Guichard, en riant.

Il me demande si je sais son nom.

GUICHARD.

Ah! très drôle!

FORMOSE.

Beaurayon! sur mon cœur, mon ami. (Il l'étreint.) Je ne suis pas fier, moi.

VALENTIN.

Mais vous m'étouffez, inconnu expansif. Qui êtes-vous?

FORMOSE.

C'est vrai!... que je suis bête... Il n'a pas vu ma photographie, lui... Tenez!

Il lui passe sa photographie.

VALENTIN.

Un mastroquet... Eh bien!

FORMOSE.

Je suis Formose, Formose et compagnie... *Formose and co*, comme on dit en Angleterre.

VALENTIN.

Ah! vous êtes Formose... Qu'est-ce que ça me fait à moi? Dites donc, hôtelier, pouvez-vous m'expliquer?...

GUICHARD.

Ah! ah! il est gai!

FORMOSE.

Beaurayon, cher Beaurayon, je vous demande pardon,

mais j'ai une expédition pour midi. Vous savez ce que c'est que le commerce, hein? on a beau avoir des rentes, il faut surveiller le courant. Installez-vous ici, déjeûnez, car le voyage a dû vous creuser. Je reviendrai tout à l'heure, Guichard.

GUICHARD.

Oui, monsieur, oui.

FORMOSE, à Valentin.

Je reviendrai avec ma fille, sans avoir l'air de rien, comme pour vous proposer une partie de Grand Sillery triple mousseux, ce sera une présentation sans façon... Il y en a qui dans ma position feraient des manières... Guichard, je vous le recommande. (Montrant Valentin.) Rien de trop bon, pour lui!... A tout à l'heure, Beaurayon. (A Guichard.) Rien de trop bon pour lui.

Il sort en fredonnant.

Sa liqueur est blonde et vermeille!

GUICHARD, le reconduisant.

Son parfum est plus doux encore!

SCÈNE IV

GUICHARD, VALENTIN.

VALENTIN, se débarrasse de son attirail.

Il y a comme cela en province des natures pleines d'effusion... cela tient sans doute au terroir. Ah çà! aubergiste?

GUICHARD, vexé.

Aubergiste!

VALENTIN.

Aubergiste, vous froisse... Eh bien, *Pain d'épice couronné*, me direz-vous quel est cet original?

GUICHARD.

Original!

VALENTIN.

Original, vous froisse... Ils sont très faciles à froisser dans cette zone... Me direz-vous quel est ce monsieur qui me connaît, qui m'embrasse et que je n'ai jamais vu?

GUICHARD.

Il vous a dit son nom, c'est M. Formose.

VALENTIN, cherchant.

Ah! Formose...

GUICHARD.

Le père de mademoiselle Amélie. Ah! vous pouvez vous vanter d'être un chançard, cent mille francs et des espérances.

VALENTIN.

Cent mille francs?

GUICHARD.

Comptant.

VALENTIN.

Comptant? (Le regardant.) On m'avait bien prévenu sur le compte des Champenois, mais dans un autre sens. Ils sont décidément très fantaisistes. Mon cher pain d'épice enflammé?

GUICHARD.

Couronné.

VALENTIN.

Couronné, soit. Voulez-vous me faire servir à déjeuner, s'il vous plaît?

GUICHARD.

Tout de suite, monsieur Beaurayon, tout de suite. (A part, en s'en allant.) En voilà un chançard!

SCÈNE V

VALENTIN, seul.

Drôle de nature! Ah çà! me voilà à Reims! Reims sur
la Vesle, 61 000 habitants... J'ai pris ce matin à Paris,
le premier train et je suis arrivé à onze heures et quelque chose. Maintenant, qu'est-ce que je suis venu faire
ici? Nous allons le savoir. (Il tire une lettre de sa poche.)
« Monsieur, si vous voulez conclure une affaire brillante
et décisive pour votre avenir, trouvez-vous à Reims
le 10 septembre à 11 heures du matin. Descendez à l'hôtel du *Pain d'épice couronné*... et lorsque midi sonnera
vous aurez le mot de cette énigme. » Pas de signature.
Post-scriptum. « Afin que vous ne soyez pas tenté de croire
à une mystification, vous trouverez ci-joint un billet de
mille francs pour vos frais de déplacement. » Deuxième
post-scriptum. « Ayez soin de vous munir d'un habit de cérémonie. » Un autre que moi se serait dit... Au fait,
qu'est-ce qu'un autre que moi se serait dit?... Il aurait
peut-être jeté au feu cette lettre mystérieuse, et il aurait
attendu que la personne qui l'a écrite vînt réclamer les
mille francs. Ç'eût été, sans doute le plus raisonnable...
Oui... mais que voulez-vous, je suis curieux comme une
vrille. J'ai donc pris le chemin de fer sans hésiter et me
voilà à Reims, à l'hôtel du *Pain d'épice*. Midi moins un
quart... Encore quelques minutes d'attente. S'il pouvait
y avoir de la femme là-dessous?... Oh! il y en a certainement. Le deuxième post-scriptum l'indique. « Apportez
un habit de cérémonie. » On veut me voir paré de tous mes
avantages. Quelque grande dame qui m'aura remarqué...
et côté à mille francs. Jamais! jamais!... Je vaux davantage... ou rien... Mais enfin une aventure de ce genre
me changerait de Trémoussette... Trémoussette est une
jeune personne délicieuse, mais qui a le tort de peser
depuis deux ans sur mon existence. Entre nous, je ne

serais pas fâché de varier mon menu... A propos de menu, il me semble qu'on me fait bien attendre mon déjeuner.

SCÈNE VI

VALENTIN, ONÉSIME.

ONÉSIME, portant un plateau sur lequel il y a un déjeuner servi.

Le déjeûner commandé.

VALENTIN, remontant.

Très bien, mon garçon. Nous allons voir comment on entend la cuisine à Reims. (Découvrant une cloche.) Qu'est-ce que c'est que cela?

ONÉSIME.

Des rognons sautés au vin de Champagne.

VALENTIN.

Naturellement... Et ceci?

ONÉSIME.

Des petits pois au vin de Champagne.

VALENTIN.

Encore?... L'orgueil local... Tout au champagne... Hum! cela embaume! Je vais déjeûner avec plaisir.

Onésime sort.

SCÈNE VII

LES MÊMES, TAPHANEL, SAINT-OLIVE, COSROÈS.

Tous les trois se posent en tableau dans la porte du fond. — Saint-Olive, la physionomie d'un homme de loi, a une serviette d'avocat sous le bras.

SAINT-OLIVE.

Arrêtez !

BEAURAYON.

Comment, arrêtez ! quoi arrêtez ? Quel est cet original ?

SAINT-OLIVE.

Entrez, Taphanel. Arrêtez. (Il retourne à la porte.) Entrez, Cosroès.

TAPHANEL, fort accent marseillais.

Le douzième coup de midi, il vient de retentir à l'horloge de la cathédrale.

COSROÈS, léger zézaiement.

Le douzième coup !

VALENTIN, à part.

Ce.sont des horloges.

TAPHANEL.

Saint-Olive prenez la parole, mon bon, moi je n'ai pas le sang-froid nécessaire.

COSROÈS.

Moi, ce n'est pas le sang-froid, mais je reconnais à Saint-Olive une éloquence spéciale... Il a un grelot, un très joli grelot.

TAPHANEL.

Saint-Olive, prenez la parole, mon bon.

SAINT-OLIVE.

Vous le voulez, mes amis?

VAENTIN, à part.

J'aurais pourtant bien désiré entamer les rognons au vin de Champagne.

SAINT-OLIVE.

Monsieur Beaurayon...

VALENTIN.

Et les petits pois.

SAINT-OLIVE.

Monsieur Beaurayon...

VALENTIN.

Monsieur?

SAINT-OLIVE.

Veuillez vous asseoir, s'il vous plaît.

VALENTIN.

Croyez-vous qu'il soit nécessaire...

TAPHANEL.

Asseyez-vous, sacrebleu! Quand on vous dit de vous asseoir.

VALENTIN.

Ah!... (Tous les autres s'asseoient.) Me voilà assis. Messieurs, qu'y a-t-il pour votre service?

SAINT-OLIVE, lisant, debout devant la table.

Monsieur Beaurayon, vous avez vingt-sept ans?

VALENTIN.

Pas encore.

SAINT-OLIVE.

Dans trois jours. Vous êtes né à Paris le 18 juillet 1851, vous êtes le fils de Gustave-Adolphe-Cosme Beaurayon, marchand de drap, et de Rose-Monique-Céleste Quillenbois, sa femme légitime ; vous avez reçu une éducation complète ; vous avez passé avec succès votre baccalauréat ; ensuite, monsieur, votre père, Gustave-Adolphe...

VALENTIN.

Cosme Beaurayon.

SAINT-OLIVE.

Vous a associé à la maison Bonnard, marchand de drap, le 8 février 1872. Nous n'avons recueilli sur vous, sous le rapport commercial, que de bons renseignements, nous devons en convenir.

TAPHANEL.

Nous en convenons.

COSROÈS.

Sans difficulté, d'autant plus que cela m'est fort égal.

TAPHANEL.

Taisez-vous donc !

VALENTIN, à part.

Il est fougueux, ce monsieur.

SAINT-OLIVE.

Nous n'avons qu'un reproche à vous faire.

VALENTIN.

Et lequel, sans curiosité ?

SAINT-OLIVE.

Vous êtes célibataire.

VALENTIN, éclatant de rire.

Ah! ah! ah! je crois bien que je suis célibataire... Elle est bonne celle-là... elle est... oui, je suis célibataire et je m'en fais gloire.

TAPHANEL.

Troun de l'air!

COSROÈS, à Taphanel.

Taisez-vous donc!

SAINT-OLIVE.

Il y a célibataire et célibataire. Mais à quelle espèce de célibataire appartenez-vous, monsieur Beaurayon? à la plus nuisible!

TAPHANEL.

A la pire!

SAINT-OLIVE.

A la pire, mon honorable ami n'a pas hésité à la qualifier dans sa rude franchise, vous êtes un braconnier, monsieur; n'ayant pas de propriété à vous, vous n'hésitez point à chasser sur celles d'autrui.

VALENTIN, se levant.

Ah ça! messieurs, dites donc, mêlez-vous de vos affaires, je vous prie.

TAPHANEL, furieux.

Qu'est-ce qu'il dit? Qu'est-ce qu'il dit?

Il frappe sur la table.

SAINT-OLIVE, à Taphanel.

Mon ami, du calme, du calme. Plus tard, s'il le faut... (A Valentin.) Et vous, monsieur, veuillez vous rasseoir.

VALENTIN.

J'aimerais mieux déjeuner.

COSROÈS.

Je comprends cela.

SAINT-OLIVE.

Monsieur Beaurayon, vous venez de nous engager à nous mêler de vos affaires.

VALENTIN.

Certainement.

SAINT-OLIVE.

Mais je vous objecterai que nous ne faisons pas autre chose... malheureusement. Et puisque vous feignez de ne pas comprendre, nous allons mettre les points sur les i.

TAPHANEL, montrant les poings.

Oh! oui les poings! les poings!

VALENTIN, à part.

Il m'agace, l'homme du midi!

SAINT-OLIVE.

Monsieur Beaurayon, je suis Cléomène de Saint-Olive, ancien avoué.

TAPHANEL.

Monsieur Beaurayon, je suis Taphanel, Taphanel des Alpes-Maritimes, capitaine au long cours, en activité... monsieur Beaurayon, en activité!

SAINT-OLIVE, à Cosroès.

A vous, Cosroès.

COSROÈS, bas.

Croyez-vous que cela soit bien nécessaire?

SAINT-OLIVE.

C'est indispensable.

COSROÈS.

Monsieur, je suis Cosroès... Jules Cosroès... Je ne fais rien de mon état, ce sont mes amis, mes deux bons amis, qui m'ont amené ici, je n'y tenais pas du tout.

TAPHANEL.

Assez... assez... asseyez-vous.

VALENTIN.

Mais, messieurs, cela ne m'apprend rien du tout sur ma situation et je demande des explications.

SAINT-OLIVE.

On va vous en donner.

TAPHANEL.

Oh! oui!

Il frappe sur la table.

SAINT-OLIVE.

Eh bien! monsieur, nous sommes ici trois maris qui, par votre fait, avons été sur le point d'avoir le même sort.

TAPHANEL.

Sur le point!

SAINT-OLIVE, *ouvrant sa serviette.*

Et voici les lettres que vous avez adressées à nos femmes... Elles constatent heureusement que vos tentatives galantes ont échoué devant leurs excellents principes. Mais nous ne nous dissimulons pas qu'il s'en est fallu de peu...

TAPHANEL.

De très peu.

VALENTIN.

Ah! je vous comprends.

SAINT-OLIVE.

Enfin!

TAPHANEL.

C'est heureux.

VALENTIN.

Supposons donc que j'ai fait la cour à mesdames vos épouses, et que vous ayez des preuves...

SAINT-OLIVE.

Irrécusables !

TAPHANEL.

Authentiques !

VALENTIN.

Très bien.

TAPHANEL.

Comment, très bien ?

VALENTIN.

Je veux dire : Eh bien, après ? qu'est-ce que vous comptez faire ?

SAINT-OLIVE.

Nous venger.

TAPHANEL, COSROÈS.

Nous venger.

VALENTIN.

Parfait... C'est là que je vous attendais. Je la vois venir votre vengeance, je la vois venir depuis dix minutes.

SAINT-OLIVE.

Vous ne voyez rien du tout, monsieur Beaurayon.

VALENTIN.

Eh quoi ? Ce n'est pas ça ?... (Il fait le geste de tirer l'épée.) Ni ça ?

Il fait le geste d'ajuster le pistolet.

SAINT-OLIVE.

Non ! nous voulons quelque chose de plus certain,

VALENTIN.

Quoi donc alors ?

SAINT-OLIVE.

Nous avons imaginé de vous marier.

VALENTIN.

Ah! bah!

SAINT-OLIVE.

Afin de vous rendre semblable à nous.

TAPHANEL.

A nous trois.

VALENTIN.

C'est cruel.

SAINT-OLIVE.

Nous avons demandé en votre nom la main de mademoiselle Amélie Formose, riche héritière: cent mille francs de dot, fille de notre ami M. Formose, négociant en vins de Champagne, une des maisons les plus solides.

COSROÈS.

Solide et liquide à la fois.

TAPHANEL.

Monsieur Cosroès, les mots sont insupportables en ce moment.

SAINT-OLIVE.

Puis, après le mariage, nous comptons né pas vous perdre de vue jusqu'à ce que notre vengeance soit complètè.

TAPHANEL.

Très complète.

SAINT-OLIVE.

Comprenez-vous, monsieur Beaurayon, tout ce que votre vengeance a de raffinement et de délicatesse?

VALENTIN.

Parfaitement! Je vois que je n'ai pas affaire à des maris ordinaires. Mais, messieurs, jusqu'à quel point avez-vous compté sur mon consentement? ah!

SAINT-OLIVE.

Nous y comptons tellement que nous nous sommes procuré : 1º votre acte de naissance, 2º le consentement de M. Beaurayon, père. Vos bans ont été publiés depuis quinze jours. On signera le contrat ce soir après le repas des fiançailles, et demain vous serez marié comme nous.

TAPHANEL.

Et avant trois mois vous serez un mari... comme nous.

COSROÈS.

Comme... eux.

VALENTIN.

Mais, messieurs...

TAPHANEL, COSROÈS.

Monsieur?

VALENTIN.

Me permettez-vous de détruire tous vos plans par un seul mot?

SAINT-OLIVE.

Voyons ce mot.

VALENTIN.

Messieurs... Il y a erreur! il y a erreur. Je ne suis pas le coupable que vous cherchez. Je n'ai aucun tort à me reprocher envers vous, vos épouses me sont totalement inconnues... Par conséquent, je vous serai obligé de me laisser continuer... que dis-je continuer? commencer mon déjeuner.

SAINT-OLIVE.

Que vous ayez la pudeur de nier vos agissements, nous le comprenons, mais tout cela est inutile, nous avons résolu à l'unanimité, moins une voix...

COSROÈS.

La mienne.

SAINT-OLIVE.

De vous forcer à vous marier, coûte que coûte.

COSROÈS.

Monsieur Beaurayon, pourquoi ne vous laisseriez-vous pas faire ?

VALENTIN.

Alors, un instant de réflexion, s'il vous plaît, messieurs. (Au public.) Après tout, qu'est-ce que je risque? il sera toujours temps, au moment décisif, de refuser si la jeune fille ne me convenait pas.

SAINT-OLIVE.

Eh bien! monsieur Beaurayon?...

TAPHANEL.

Avez-vous réfléchi?

VALENTIN.

Vous y tenez donc beaucoup, messieurs?

TOUS TROIS.

Si nous y tenons!

VALENTIN.

Eh bien, allons-y.

TOUS TROIS avec un accent de triomphe.

Oh!

VALENTIN.

Mais que la responsabilité de cet égorgement d'un célibataire innocent retombe sur vous jusqu'à la dixième génération!

FORMOSE, en dehors.

Viens, ma chérie, viens donc!

SAINT-OLIVE.

Silence! j'entends votre beau-père.

SCÈNE VIII

LES MÊMES, FORMOSE et AMÉLIE.

FORMOSE, se dirigeant vers les trois maris.

Ah! vous voilà, mes chers amis, mes bons amis... ce brave Saint-Olive... ce digne Taphanel... cet aimable Cosroès. (Il leur donne des poignées de main.) J'étais certain de votre exactitude, on est toujours exact dans le commerce. (S'arrêtant devant Beaurayou.) Amélie, voici ton futur. (Bas à Valentin.) Quel est votre prénom?

VALENTIN.

Valentin.

FORMOSE.

Valentin Beaurayon... je te le présente comme un excellent garçon.

VALENTIN.

Ah! monsieur...

FORMOSE.

Beaurayon, vous avez sous les yeux Amélie, ma fille... ma fille adorée dont je ne me sépare qu'à regret.

VALENTIN, à part.

Elle est charmante!... bien supérieure à Trémousette.

FORMOSE, bas à Amélie.

Eh bien! qu'en penses-tu? N'est-ce pas qu'il est mieux que sa photographie?

VALENTIN, à part.

On me détaille.

FORMOSE.

Quel est ton avis, ma fille?

AMÉLIE.

Mon avis sur ce monsieur?

FORMOSE.

Oui.

AMÉLIE, boudeuse.

Il m'est indifférent, papa.

FORMOSE.

Trésor d'innocence!... Beaurayon, je vous autorise à adresser quelques paroles à votre fiancée.

SAINT-OLIVE.

Ça marche.

TAPHANEL, COSROÈS.

Ça va très bien.

VALENTIN, à part.

Il est vertigineux, ce beau-père, ma parole d'honneur!... (Il s'approche près de Formose.) Mademoiselle!... hum!... mademoiselle...

AMÉLIE.

Monsieur!

VALENTIN.

Ne s'être jamais vu, jamais parlé... et penser que... ça semble drôle au premier aspect.

AMÉLIE.

Je ne trouve pas cela drôle du tout, monsieur.

VALENTIN.

Ce n'est pas ce que je voulais dire... mademoiselle... excusez-moi, je vous prie... vous devez me trouver stupide.

AMÉLIE.

C'est vrai, monsieur !

VALENTIN.

Hein?... Enfin, voilà donc la première peronne raisonnable à qui je m'adresse depuis ce matin... Ah! celá fait du bien!

AMÉLIE.

Qu'est-ce qui lui prend donc?...

VALENTIN, la saluant cérémonieusement.

Mademoiselle, j'ai bien l'honneur...

AMÉLIE.

Monsieur... (A part.) On dirait qu'il se moque de moi... oh!... je ne peux pas le souffrir.

VALENTIN, à part.

Elle est adorable!... j'en suis déjà réellement épris.

FORMOSE.

Eh bien! mes enfants, vous avez fait connaissance?... N'est-ce pas que mon Amélie est charmante?

VALENTIN.

Charmante n'est pas assez !

FORMOSE.

Mes enfants, je propose une promenade en voiture. J'ai mon breck à la porte, il nous contiendra tous. Allons montrer notre cathédrale à Beaurayon... En route, messieurs.

VALENTIN, à part.

Ah! les trois anabaptistes. (Bas.) Persistez-vous toujours dans vos résolutions ?

TOUS TROIS.

Toujours!...

VALENTIN.

Vous vous en repentirez peut-être?

TOUS TROIS.

Jamais!

VALENTIN.

C'est bien. A présent, je vous préviens que c'est moi qui vais aller de l'avant !

TOUS TROIS.

Bravo !

SAINT-OLIVE.

Messieurs, ne le quittons plus, que nous ne soyons complétement vengés.

TAPHANEL, COSROÈS.

Nous le jurons !

SAINT-OLIVE.

Et maintenant, messieurs, à la cathédrale !

LES DEUX AUTRES.

A la cathédrale !

> Sortie. — L'orchestre joue en sourdine quelques mesures de la *Marche du Prophète.*

SCÈNE IX

GUICHARD, ONÉSIME.

GUICHARD.

Eh bien ! il plante là mon déjeuner, je le lui compterai le double !... Onésime ! Onésime !

ONÉSIME.

Voilà, patron...

GUICHARD.

Qu'est-ce que vous regardez donc dans la cour ?

ONÉSIME.

Rien, monsieur... c'est tout de même drôle !

GUICHARD.

Drôle, quoi ?

ONÉSIME.

Ce monsieur qui sort d'ici... qui n'a pas eu le temps de déjeuner.

GUICHARD.

Eh bien?...

ONÉSIME.

Il s'appelle Beaurayon.

GUICHARD.

Certainement.

ONÉSIME.

C'est drôle... Après cela... cela se voit quelquefois.

GUICHARD.

Qu'est-ce qui se voit quelquefois? vous expliquerez-vous à la fin, monsieur Onésime?

ONÉSIME.

Volontiers, patron. Il y a cinq minutes qu'un voyageur vient d'arriver à l'hôtel, il s'est fait inscrire, lui aussi, sous le nom de Beaurayon, voilà le bulletin.

GUICHARD.

Voyons!... c'est vrai... Beaurayon... Qu'est-ce que cela signifie? Onésime, retournez au-devant de ce voyageur.

ONÉSIME.

Oui, patron.

SCÈNE X

GUICHARD, puis BEAURAYON père.

GUICHARD.

Est-ce que M. Formose aurait deux gendres? Ce serait embarrassant.

BEAURAYON, entrant.

Ah! le maître d'hôtel. Monsieur, c'est ici le *Pain d'épice couronné ?*

GUICHARD.

Parfaitement, monsieur.

BEAURAYON.

Très bien, veuillez me faire préparer la chambre la plus somptueuse de votre hôtel.

GUICHARD.

A l'instant, monsieur, à l'instant.

BEAURAYON.

Et faites-moi servir à déjeuner.

GUICHARD.

Bien, monsieur. Je vais lui faire réchauffer le déjeuner du premier Beaurayon.

Il sort.

SCÈNE XI

BEAURAYON, puis **ONÉSIME**.

BEAURAYON.

Enfin, me voilà à Reims. J'ai pris ce matin à Paris, le rapide ; absent depuis trois semaines de chez moi, j'y trouve une lettre ainsi conçue : « Monsieur, veuillez nous faire l'honneur d'assister au repas de fiançailles de monsieur votre fils, le 10 septembre, à 7 heures précises, chez M. Formose, fabricant de champagne, et père de la demoiselle, rue de Vesle, 6. » Ce Valentin a toujours eu de la chance, cela tient de famille. Eh bien, et ce déjeuner, ils n'ont pas l'air de s'en occuper. Garçon ! garçon !

ONÉSIME, au dehors.

Voilà, voilà !... (Entrant.) Le déjeuner demandé : des rognons sautés au vin de Champagne... des petits pois *idem*... Si monsieur veut... (Il aperçoit Beaurayon père.) Tiens, monsieur Gustave !

BEAURAYON.

Onésime, l'ancien garçon de chez Marguery ! Que diable fais-tu à Reims ?

ONÉSIME.

Premier garçon à l'hôtel du *Pain d'épice couronné*.

BEAURAYON.

Mais c'est une déchéance, cela ! moi qui t'ai connu dans les premiers restaurants de Paris.

ONÉSIME.

Que voulez-vous, monsieur Gustave, j'ai eu des malheurs.

BEAURAYON.

Les femmes, n'est-ce pas?

ONÉSIME.

Et les Ottomans.

BEAURAYON.

Comment ? les Ottomans!... Ah! les fonds ottomans...
ce pauvre Onésime.

ONÉSIME.

Oh! oui plaignez-moi. Mais vous-même par quelle cir-
constance à Reims, monsieur Gustave?

BEAURAYON.

Cesse de m'appeler Gustave, c'était autrefois mon nom
de guerre, de guerre et de folie, mais ici j'ai repris
mon nom véritable, mon nom de Beaurayon. Je ne suis
plus le viveur que tu as connu, le soupeur déterminé
que tu as servi tant de fois. Je suis le père de famille
qui vient marier son fils.

ONÉSIME.

Ah! vous êtes le père de...

BEAURAYON.

Oui, Onésime, je suis son père, ne l'oublie pas.

ONÉSIME.

En avez-vous fait des farces ! Dites donc, qu'est deve-
nue cette petite brune qui avait un si petit nez, une si
petite bouche et de si petits yeux, avec laquelle vous
veniez tous les mardis, cabinet 8?

BEAURAYON.

Silence, Onésime!... c'était une femme mariée.

ONÉSIME.

Et cette grande blonde qui avait de si grands yeux,
un si grand nez, une si grande bouche?

BEAURAYON.

Tais-toi, tais-toi, malheureux! encore une femme mariée.

ONÉSIME.

Ah çà! c'est donc une spécialité?

BEAURAYON.

Involontaire. Bien involontaire.

ONÉSIME.

Dites donc, votre petit livre doit être complet?

BEAURAYON.

Quel petit livre? Ah! mon carnet, je l'ai toujours. (Il le tire de sa poche.) Ça c'est un carnet, un carnet mignon, tout à fait intime, où j'inscris depuis longtemps mes bonnes fortunes par ordre alphabétique.

ONÉSIME.

Ce doit être un vrai dictionnaire.

BEAURAYON.

Oui... un Vapereau, un Larousse... Mais, Onésime, ne me pousse pas à des confidences inutiles et sers-moi à déjeuner.

ONÉSIME.

Voilà... voilà, monsieur Gustave. Non, monsieur Beaurayon père.

SCÈNE XII

BEAURAYON, MADAME FORMOSE, GUICHARD.

BEAURAYON.

La vérité s'est exprimée par la bouche de ce garçon de restaurant. Les femmes mariées, voilà ma spécialité.

2.

Je ne sais pas pourquoi par exemple, c'est la fatalité. C'est au point que partout il me semble reconnaître...

MADAME FORMOSE, entrant.

Oh! pardon, monsieur, je croyais trouver ici mon mari.

BEAURAYON.

Voulez-vous que je le fasse demander, madame?

MADAME FORMOSE.

Oh! non, monsieur, il sera reparti sans doute avec ses amis.

BEAURAYON, à part.

Ce visage... On dirait que ce n'est pas la première fois que je vois cette dame.

MADAME FORMOSE, de même.

Ce monsieur est très bien.

GUICHARD, entrant.

Ah! madame Formose! vous cherchez votre mari?

MADAME FORMOSE.

Précisément.

GUICHARD.

Il sort d'ici... il est allé avec son futur gendre visiter la cathédrale.

BEAURAYON.

Eh! quoi, madame, vous êtes madame Formose? J'aurai bientôt l'honneur de vous être présenté, car je suis M. Beaurayon père.

MADAME FORMOSE.

Comment, monsieur, vous êtes... Enchantée de ce hasard qui me fait vous rencontrer. (Saluant.) Monsieur...

BEAURAYON.

Madame... (A part.) C'est égal, c'est singulier, je crois me rappeler... oh! ce n'est pas possible. (Il consulte son carnet.) Voyons la lettre F... F... si je trouve Formose...

Félicie, Fanny, Fanchette, Fideline, Françoise, Floreska.
Non, pas de Formose. Allons tant mieux... n'importe...
c'est étrange.

BEAURAYON.

Si madame voulait me le permettre, je l'accompagne-
rais à la cathédrale.

MADAME FORMOSE.

Avec plaisir, monsieur, puisque nous devons dîner ensemble.

Elle sort au bras de Beaurayon.

ONÉSIME, entrant.

Comment, il s'en va sans avoir mangé le déjeuner de
son fils !

GUICHARD.

Cela ne fait rien, ils le paieront tous les deux. Allons
préparer le repas des fiançailles.

ACTE DEUXIÈME

SCÈNE PREMIÈRE

GUICHARD, puis ONÉSIME.

Au lever du rideau, des domestiques vont et viennent, affairés et portant des plateaux. — Guichard va de l'un à l'autre, donnant des ordres.

GUICHARD.

Quel coup de feu!... Mais aussi quel honneur pour moi! (Entrée d'Onésime.) Ah! Onésime, bravo, mon garçon!

ONÉSIME.

Monsieur est content de moi?

GUICHARD.

Enchanté, mon ami, enchanté!

ONÉSIME.

Comment monsieur trouve-t-il que le service a été orchestré?

GUICHARD.

Orchestré?... Ah! oui!... un mot nouveau! A merveille,
Onésime... très bien orchestré!

ONÉSIME.

Ç'a été oriental?

GUICHARD.

Tout ce qu'il y a de plus oriental. Ce dîner augmen-
tera ma réputation.

ONÉSIME.

Alors, monsieur voit que je mérite sa confiance?

GUICHARD.

Si tu la mérites, Onésime!! Ma foi, tant pis, je te tu-
toie. (A part.) J'aime mieux cela que de l'augmenter...
(On entend des rires.) Ah! les gaillards! s'en donnent-ils!...
Et dire que dans quelques moments ils seront tous réu-
nis dans ce salon pour signer le contrat.

ONÉSIME.

Comme dans les comédies du Gymnase.

GUICHARD, avec étonnement.

Comme dans?... oui... oui, oui. Attention, voici madame Formose avec sa demoiselle. Suprêmes instruc-
tions d'une mère à sa fille!... (Ricanaut.) Ah! ah!

ONÉSIME.

Monsieur Guichard, soyons discrets, vaporisons-nous.

GUICHARD, à part.

Décidément, ce garçon a du tact. (Haut.) Vaporisons-
nous, Onésime.

Ils sortent en courant.

SCÈNE II

MADAME FORMOSE, AMÉLIE.

MADAME FORMOSE.

Amélie, ton attitude est inconcevable, en vérité!

AMÉLIE.

Pourquoi donc, maman? Elle est cependant bien naturelle, je n'aime pas ce M. Beaurayon.

MADAME FORMOSE.

En es-tu bien sûre?

AMÉLIE.

Il me semble que personne ne peut le savoir mieux que moi.

MADAME FORMOSE.

Non, tu ne le sais pas, chère enfant. A dix-huit ans, une jeune fille ne sait pas lire dans son cœur, elle est mal placée pour cela.

AMÉLIE.

Mais je vous jure, maman...

MADAME FORMOSE.

Tais-toi!... tu as une tête exaltée comme ma sœur, ta tante Mélanie, qui a eu la mauvaise idée de se charger de ton éducation.

AMÉLIE.

Bonne tante Mélanie!

MADAME FORMOSE.

Une femme indépendante... avec des idées particulières sur toutes choses... Ses nombreux voyages à Paris l'ont perdue... Elle a voulu aller plus loin... Où est-elle à cette heure? Nous ne le savons même pas.

AMÉLIE.

Mais si, maman. Sa dernière lettre est datée du Lac Salé.

MADAME FORMOSE.

Du Lac Salé. Est-ce une excursion pour une femme seule? Tiens, ne me parle plus de ta tante Mélanie! Je la renie.

AMÉLIE.

Vous la reniez. Oh! maman, vous avez tort ; vous lui ressemblez pourtant, car autrefois, on vous prenait l'une pour l'autre. Si elle avait été là, je suis sûre qu'elle se serait opposée à ce mariage. Maman, vous me sacrifiez.

MADAME FORMOSE.

Mais non!

AMÉLIE.

Mais si!

MADAME FORMOSE.

Le jeune Beaurayon est fort aimable!

AMÉLIE.

Cela est possible, mais je ne m'en suis pas encore aperçue...

MADAME FORMOSE.

Et son père! quel charmant homme! quel heureux physique! Et puis une verve! une gaîté!...

AMÉLIE.

Je ne dis pas... mais ce n'est pas son père que j'épouse!

MADAME FORMOSE.

C'est tout comme. Ce M. Beaurayon père a fait immédiatement la conquête de tout le monde. Il n'a pas cessé de me regarder pendant tout le dîner, c'est au point que j'en ai rougi plusieurs fois... Tu seras très heureuse avec son fils.

AMÉLIE.

Non, maman.

SCÈNE III

LES MÊMES, COSROÈS, légèrement gris, une serviette au menton.

COSROÈS.

Coucou! Ah! me voilà.

MADAME FORMOSE.

Monsieur Cosroès!... vous m'avez fait peur!

COSROÈS.

Ce n'est pas ce sentiment que je voulais vous inspirer,
belles dames... Tout le monde s'inquiète de votre dispa-
rition... On se demande si vous n'avez pas été prises d'un
malaise subit... d'un dérangement.

MADAME FORMOSE.

Pas du tout... monsieur Cosroès.

COSROÈS.

Bien sûr!... Allons, tant mieux... Moi, la chaleur, le
champagne... Carte blanche, carte dorée... Il est très bon
le champagne de M. Formose... Bref, je n'étais pas fâché
d'échapper un instant à mes deux amis... vous savez, mes
deux amis... Ils sont rasants, par moments.

MADAME FORMOSE.

Je ne m'en suis pas aperçue.

COSROÈS.

Figurez-vous, madame, qu'ils veulent à toute force me
persuader que je suis...

MADAME FORMOSE, avec indifférence.

Que vous êtes?

COSROÈS.

Non, c'est trop drôle!... Comment le sauraient-ils quand je ne le sais pas, moi... Qu'est-ce qui le prouve?

MADAME FORMOSE.

Monsieur Cosroès, excusez-moi, je n'y comprends rien.

COSROÈS.

C'est juste, vous ne pouvez rien comprendre... Comme cela vous n'êtes pas indisposées, mesdames?...

MADAME FORMOSE.

Mais non, mais non... et la preuve, c'est que nous rentrons à l'instant. (Bas, à Amélie.) Allons, Amélie, mon enfant sois raisonnable!

AMÉLIE, avec un gros soupir.

Oui, maman...

MADAME FORMOSE.

Voulez-vous m'offrir votre bras, monsieur Cosroès?

COSROÈS.

Avec enthousiasme, belle dame, avec enthousiasme.

MADAME FORMOSE.

Allons, viens Amélie.

Sortie. — La scène reste vide.

SCÈNE IV

BEAURAYON, père : il arrive par le fond, l'air épanoui, tenue de bal.

Tiens, madame Formose s'éloigne... Très bien, cette petite fête... tout à fait bien... Un dîner irréprochable... un vin qui m'a rappelé mes belles nuits parisiennes... avec

3

cela, de braves gens... pas forts... mais le cœur sur la main... la belle-mère surtout... Où diable ai-je déjà vu cette figure de belle-mère?... Allons, allons, mon fils, mon coquin de Valentin fait une excellente affaire. Et moi qui le croyais entièrement absorbé, envahi par cette petite Trémoussette. Pas mal, cette petite Trémoussette! De l'œil, du cheveu, de la dent. Sapristi! qu'il fait donc chaud. — Mais où diable ai-je vu cette madame Formose?

SCÈNE V

BEAURAYON, VALENTIN.

VALENTIN, il arrive sans voir son père, à part.

Certainement, elle est jolie, cette petite, très jolie même, mais elle n'a pas l'air de me gober... Oh! mais pas du tout... il n'en faut pas davantage pour que j'en raffole. (Apercevant Beaurayon.) Tiens! papa!

BEAURAYON, s'étalant sur le canapé.

Approche, Valentin, approche, espiègle... je te fais tous mes compliments. Je ne me serais jamais douté que tu allais si vite en affaires... enfant du siècle, va... du siècle de l'électricité, du téléphone...

VALENTIN.

Vous avez été surpris, alors?

BEAURAYON.

Qui ne l'aurait pas été? Un matin, je venais de me lever! Drelin! drelin! on sonne... Que dis-je on sonne!... on carillonne!... C'était un notaire, maître Brochet qui venait me demander ta main pour une jeune et riche héritière... Tu juges si je la lui ai accordée avec... électricité... Il m'a fait signer mon consentement sur papier timbré.

VALENTIN.

Un homme expéditif et sérieux.

BEAURAYON.

J'allais me mettre en route pour un voyage de trois semaines, je n'avais pas le temps de te demander à toi-même des explications... A mon retour, je trouvai une lettre, me convoquant à la signature de ton contrat à Reims. Tu étais déjà parti, tu m'avais devancé. Je pris l'express suivant, et me voici. Je te félicite, Valentin, ta femme est tout simplement ravissante.

VALENTIN.

N'est-ce pas?

BEAURAYON.

Ton beau-père est un homme sans façon.

VALENTIN.

Peut-être trop sans façon.

BEAURAYON.

Ta belle-mère a l'air d'une excellente femme... très aimable... à part une certaine ressemblance.

VALENTIN.

Quelle ressemblance?

BEAURAYON.

Rien... Quant à tes amis... tes trois amis, qui s'intéressent tant à mon mariage, je les connais à peine, je les trouve... un peu singuliers... Apprends-moi donc leurs noms?

VALENTIN.

Volontiers, papa. Le plus petit s'appelle M. de Saint-Olive.

BEAURAYON.

Hein? Saint-Olive!... Tu as dit Saint-Olive?

VALENTIN.

Oui, papa. Le second, le rageur, s'appelle Taphanel.

BEAURAYON, même jeu.

Taphanel! Tu en es bien sûr?

VALENTIN.

Parbleu! Taphanel des Alpes-Maritimes ! je plains ce département.

BEAURAYON.

Saint-Olive... Taphanel!... Est-ce possible!

VALENTIN.

Enfin, le troisième répond au nom de Cosroès.

BEAURAYON.

Co... Cosroès... mais c'est un roi de Perse... Je ne le connais pas, celui-là... mais les deux autres... Taphanel, Saint-Olive... qui s'y serait attendu?...

VALENTIN.

Qu'est-ce que vous avez donc, papa?...

BEAURAYON.

Je ne peux pas te l'expliquer... Mais dis-moi, les connais-tu depuis longtemps?

VALENTIN.

Je ne les connais que depuis ce matin.

BEAURAYON.

Et leurs femmes... leurs trop jolies femmes?

VALENTIN.

Pas du tout!

BEAURAYON.

Qu'est-ce qu'ils t'ont dit?... Qu'est-ce qu'ils t'ont révélé?... Réponds-moi, Valentin. Je suis sur de la braise...

VALENTIN.

Attendez... je ne sais pas quelle diable d'histoire ils m'ont racontée, des lettres adressées à leurs légitimes.

BEAURAYON.

Des lettres... Fichtre!... Des lettres... c'est cela... et signées sans doute?

VALENTIN.

Oui, signées!

BEAURAYON.

Malheureux!

VALENTIN.

Qui, malheureux?

BEAURAYON.

Saperlipopette!... Des lettres... et signées... Epouse,
Valentin, épouse! Tu ne peux pas faire autrement!...
Ah! tu t'es mis dans un cas déplorable, mon pauvre
garçon!

VALENTIN.

Mais, papa, je vous jure...

BEAURAYON.

Epouse tout de suite, te dis-je... Ah! quel bon mariage
tu fais là... les convenances, l'argent, tout s'y trouve!
Une affaire superbe! Tu ne pouvais rien espérer de
mieux... Dépêchons-nous de signer le contrat. (Criant.) Le
notaire! où est le notaire! qu'on amène le notaire!

SCÈNE VI

Les Mêmes, SAINT-OLIVE, TAPHANEL, COSROÈS.

SAINT-OLIVE.

Le notaire va venir. Un peu de patience, monsieur
Beaurayon. (A Valentin.) Ah! monsieur Beaurayon fils.

VALENTIN.

Qu'est-ce que vous voulez encore?...

SAINT-OLIVE.

Présentez-nous à M. votre père, c'est votre devoir.

TAPHANEL.

Oui, présentez-nous, sacrebleu!

VALENTIN.

Volontiers... M. de Saint-Olive, avoué.

SAINT-OLIVE.

Ancien.

VALENTIN.

Avoué ancien...

SAINT-OLIVE.

Non, ancien avoué.

VALENTIN.

C'est la même chose.

BEAURAYON.

Monsieur... les avoués de nos avoués... certainement...
Je regrette de ne pouvoir plus devenir votre client.

SAINT-OLIVE.

C'est un regret partagé, monsieur Beaurayon... Les
clients de nos clients... Je n'en compte pas moins sur votre visite à Paris.

BEAURAYON.

Assurément.

SAINT-OLIVE.

Je vous présenterai à madame de Saint-Olive.

BEAURAYON.

Ah!

SAINT-OLIVE.

Oui!

BEAURAYON.

C'est une bonne pensée que vous avez là.

SAINT-OLIVE, allant à Taphanel.

Il a l'air très respectable. Voilà un homme que l'on peut recevoir sans crainte !

VALENTIN, continuant.

M. Taphanel, capitaine au long cours.

TAPHANEL, brutalement.

En activité...

VALENTIN.

Nous le savons.

BEAURAYON.

Ah ! en activité... Vous êtes toujours sur mer... c'est rassurant...

TAPHANEL.

Rassurant, pour qui ?...

BEAURAYON.

Oh ! mon Dieu, je dis cela comme je dirais autre chose... C'est rassurant sans l'être, en effet !... La mer... les naufrages... (Mouvement de Taphanel.) Et puis, le calme plat... très plat... les vents... (Mouvement de Taphanel.)... pas de vents... (A part.) C'est ainsi que sa femme me l'avait dépeint.

TAPHANEL, lui serrant la main.

Enchanté d'avoir fait votre connaissance, monsieur Beaurayon... (Soulignant.) monsieur Beaurayon père... Si jamais vous avez envie de faire un tour sur la côte de Guinée, je vous emmène à mon bord.

BEAURAYON.

Merci, merci, mon cher monsieur Taphanel... La côte de Guinée... j'y penserai.

TAPHANEL, bas, à Saint-Olive.

A la bonne heure !... le père me revient mieux que le fils.

SAINT-OLIVE.

Je partage votre sentiment.

VALENTIN.

M. Cosroès.

BEAURAYON.

Ah! oui... le troisième! le roi de Perse...

COSROÈS.

Jules... Jules Cosroès... je ne fais rien de mon état...
vingt mille francs de rente... marié aussi... ce sont mes
amis qui m'ont amené ici... je ne sais pas pourquoi ils
ont cherché à me persuader que j'étais...

TAPHANEL, lui comprimant le poignet.

Assez!... Voulez-vous boire la honte jusqu'à la lie?

BEAURAYON.

Celui-là m'est tout à fait inconnu... (S'inclinant.) Monsieur Aloès...

COSROÈS.

Cosroès.

BEAURAYON.

Cosroès, soit!... le roi de Perse... Je ne saurais vous
exprimer à quel point vous m'êtes sympathique...

COSROÈS.

Ah! il est gentil... il est gentil.

BEAURAYON bas, à Valentin.

Epouse!... Valentin... épouse sans retard!...

VALENTIN, à part.

Qu'est-ce que papa a donc aujourd'hui?

SCÈNE VII

LES MÊMES, FORMOSE.

FORMOSE.

Mon gendre, je vous cherchais, voici l'heure de con-
tracter. Mon ami, voyons, avez-vous songé à tout? Vous
avez des gants, n'est-ce pas?

VALENTIN.

Mais oui, beau-père, j'en ai deux, voyez.

FORMOSE.

Très bien. Et puis?

VALENTIN.

Et puis quoi?

FORMOSE.

Vous n'avez rien oublié de tout ce qui concerne une
pareille solennité?

VALENTIN.

Je ne crois pas.

FORMOSE.

Cherchez bien, mon gendre.

SAINT-OLIVE et SES AMIS.

Cherchez, cherchez!

BEAURAYON, riant.

Cherche, Valentin, cherche!

FORMOSE.

La corbeille!...

VALENTIN, à part.

La corbeille, bigre!

FORMOSE.

Eh bien?

BEAURAYON.

Parle.

VALENTIN.

Ah! oui, la corbeille... je sais bien. Dans un certain monde on a l'habitude... mais dans un autre... C'est bien démodé... on y a renoncé... c'est usé... rococo... vieil usage.

FORMOSE.

Comment, vieil usage!

VALENTIN.

Vous ne saviez pas cela? Comme on est arriéré en Champagne!

FORMOSE, à part.

Est-ce que mon gendre serait un pingre?

Baptiste apporte la corbeille de mariage.

SCÈNE VIII

LES MÊMES, **MADAME FORMOSE, AMÉLIE, BAPTISTE,**
apportant une corbeille de mariage, qu'il dépose sur la table.

MADAME FORMOSE.

Ah! monsieur Formose, viens donc... viens admirer la corbeille! Notre gendre a fait des folies...

FORMOSE, à Valentin.

Qu'est-ce que vous disiez donc que la corbeille n'était plus de mode?

VALENTIN.

Oui... j'ai dit... à Paris... à Paris, mais pas à Reims.

BEAURAYON.

A Reims, c'est inévitable !

FORMOSE.

A la bonne heure !

On s'empresse autour de la table.

SAINT-OLIVE, à Valentin.

Nous avons acheté la corbeille.

VALENTIN.

Ah ! c'est vous ! j'aurais dû m'en douter. Vous pensez à tout !

TAPHANEL.

D'abord, moi, je m'y étais opposé.

VALENTIN.

Oh ! vous, cela ne m'étonne pas.

TAPHANEL, sarcastique.

Vous verrez la note, mon bon...

SAINT-OLIVE.

Nous avons bien fait les choses.

COSROÈS.

C'est moi qui ai payé... on m'a dit de payer... Je ne sais pas pourquoi... J'ai les factures... à votre disposition.

Il les cherche.

VALENTIN.

Gardez, gardez, Cosroès... plus tard !...

MADAME FORMOSE, à Valentin.

Mon gendre, vous avez été trop loin. Vous êtes un prodigue. Vous m'effrayez pour l'avenir.

BEAURAYON.

Mais non, il n'a fait que son devoir. (Bas, à Valentin.) Dis donc, tu m'expliqueras tout cela !...

MADAME FORMOSE.

Ces dentelles sont magnifiques... Et ces diamants!

VALENTIN.

Des diamants?... Je voudrais bien les voir.

Il veut s'approcher.

TAPHANEL, à ses amis.

Il verra la facture.

MADAME FORMOSE.

Tout est délirant... je suis sûre que M. Beaurayon père aura choisi lui-même la plupart de ces belles choses... on sent là-dedans le goût d'un homme... Comment dirai-je? d'un homme qui a vécu.

Elle le regarde tendrement.

BEAURAYON.

Belle dame, je n'y suis pour rien, je vous assure... Tout l'honneur en revient à Valentin. (A part.) Plus je regarde cette belle-mère, plus je crois me souvenir de l'avoir vue quelque part. Mais où?

FORMOSE.

Gaëtana, vois donc ce coffret?...

BEAURAYON, à part.

Gaëtana? consultons notre carnet... G. G... Gertrude... Germaine... Gulnare... non il n'y a pas de Gaëtana.

BAPTISTE, annonçant.

Maître Brochet.

SAINT-OLIVE.

Ah! voici le notaire.

SCÈNE IX

Les Mêmes, LE NOTAIRE.

LE NOTAIRE, saluant.

Mesdames, messieurs...

FORMOSE.

Soyez le bienvenu, maître Brochet. On vous attend avec la plus grande impatience.

BEAURAYON.

Avec la plus extrême impatience.

LE NOTAIRE.

Je voudrais que le code eût des ailes... Excusez mon retard, j'ai été retenu par un testament très pressé.

BEAURAYON, à part.

Il n'est pas gai, le notaire. (Haut.) Enfin, puisque vous voilà, ne perdons plus de temps.

FORMOSE.

Prenons place.

SAINT-OLIVE, à ses amis.

Ça y est!... nous le tenons!

Le notaire s'assied à la table, tous les personnages groupés autour de lui. — Il ouvre sa serviette et en sort de nombreux papiers.

AMÉLIE, bas, à madame Formose.

Oh! maman! c'est mon malheur qui s'apprête!

MADAME FORMOSE.

Observe-toi... Amélie.

BEAURAYON.

Voyons, voyons, notaire, ce contrat! nous sommes pressés...

LE NOTAIRE.

Monsieur, mon ministère m'interdit de lutter de vitesse avec la flèche!... Ah! le voilà!

BEAURAYON.

C'est heureux! nous vous écoutons!

LE NOTAIRE, lisant.

Par devant maître Brochet et son collègue, notaires.

BEAURAYON.

Passez! passez!

LE NOTAIRE.

Ont comparu M. Adolphe-Valentin Beaurayon, fils unique de M. Gustave Beaurayon.

BEAURAYON.

Passez, passez.

LE NOTAIRE.

Comme vous voudrez, monsieur, je n'ai point la tenacité des anciens notaires... Je suis de mon temps... ces dames me rendront cette justice.

MADAME FORMOSE.

Oui, maître Brochet.

FORMOSE.

Continuez, maître Brochet!

LE NOTAIRE.

Valentin Beaurayon... hum!... stipulant pour lui en son nom personnel, d'une part, et mademoiselle Amélie-Félicie Formose, fille majeure de Pierre-Joseph Formose, négociant en vins, et de dame Victoire-Gaëtana Minard, son épouse.

BEAURAYON, à part.

Minard! Minard! ce n'est pas la première fois que j'entends ce nom!...

Il cherche dans son carnet.

LE NOTAIRE.

Stipulant pour elle et en son nom personnel, d'autre part, lesquels dans la vue du mariage.

BEAURAYON, poussant un cri.

Ah!

TOUS.

Qu'y a-t-il?

FORMOSE.

Qu'est-ce que c'est, monsieur Beaurayon?

VALENTIN.

Qu'est-ce que tu as, papa?

BEAURAYON.

Rien! je me suis marché sur le pied. (A part.) Minard! Le nom y est!

FORMOSE.

C'est un effet de votre impatience bien naturelle... Passez, maître Brochet, arrivez à la dot! Cent mille francs! Je donne cent mille francs à ma fille.

BEAURAYON, bas.

Monsieur Formose? monsieur Formose?

FORMOSE.

Oui, cent mille francs.

BEAURAYON.

Il ne s'agit pas de cela.

FORMOSE.

Hein? quoi, monsieur Beaurayon?

BEAURAYON, l'amenant sur le devant de la scène ; bas.

Un mot, s'il vous plaît... La date de la naissance de mademoiselle votre fille?

FORMOSE.

La date de la naissance d'Amélie, vous voulez savoir?...

BEAURAYON.

J'y tiens essentiellement. (A part.) Minard, c'est écrit!...

FORMOSE.

Quelle drôle d'idée!... Attendez... le 15 mars 1860.

BEAURAYON.

Le 15 mars... vous en êtes bien sûr? (Comptant sur ses doigts d'un air de contentement.) Je respire!

FORMOSE.

Allons, messieurs, signons... signons!

LE NOTAIRE.

Eh! quoi, messieurs, sans que j'aie achevé ma lecture, ce n'est pas régulier... Enfin... comme vous voudrez.

SAINT-OLIVE et SES AMIS.

Oui, oui, signons!

BEAURAYON, à part.

Le 15 mars 1860... il s'en faut de deux mois... Je disais aussi : cette figure de belle-mère est dans mon souvenir. Mais elle s'appelait Mélanie. Eh bien! Mélanie pour moi, Gaëtana pour son mari, c'est clair. N'importe, l'aventure est bizarre!

VALENTIN, présentant la plume à Amélie.

Mademoiselle!

AMÉLIE, à madame Formose.

Maman... maman... non, jamais!!!

Tout le monde l'entoure.

MADAME FORMOSE.

Quel enfantillage!... Voyons, Amélie!

AMÉLIE.

Jamais... avant monsieur.

FORMOSE.

Bravo! la part de l'innocence. Allons, mon gendre, à votre tour!

SAINT-OLIVE, à ses amis.

A votre tour !

TAPHANEL.

Signez donc, nom d'un brick !

VALENTIN.

Je signe, nom d'un brick ! mais c'est égal... le cas est exceptionnel.

SAINT-OLIVE et SES AMIS.

Enfin ! ! !

VALENTIN, passant la plume à Amélie.

Mademoiselle !

Amélie signe.

FORMOSE.

Signez, monsieur Beaurayon père.

BEAURAYON.

Avec plaisir. monsieur Formose père. (La plume en main.) Le 15 mars, n'est-ce pas ?...

FORMOSE.

Eh ! oui ! le 15 mars 1860. (A part.) Qu'est-ce qu'il a donc avec sa manie des dates ?

BEAURAYON, à part.

Je suis rassuré. (Il signe.) C'est fait !

TAPHANEL.

C'est fait !

SAINT-OLIVE.

C'est fait !

MADAME FORMOSE.

A présent, plus d'affaires sérieuses... on va danser, messieurs.

TOUS.

Ah !

MADAME FORMOSE.

Monsieur Beaurayon père, vous m'inviterez, n'est-ce pas?

BEAURAYON.

Tout le temps, madame. (A part.) C'était Mélanie!... je la reconnais bien maintenant.

MADAME FORMOSE.

Mon gendre ! (Elle lui prend le bras.) Monsieur de Saint-Olive, en qualité de premier témoin, vous devez votre bras à ma fille... Allons, messieurs, qui m'aime me suive !

L'orchestre se fait entendre. — Sortie générale.

SCÈNE X

BEAURAYON, FORMOSE.

FORMOSE.

Ma femme a ce soir un entrain prodigieux!

BEAURAYON, regardant s'éloigner les invités.

Heureux couple!... Ils sont vraiment charmants tous deux!...

FORMOSE.

Oui... ma fille est très bien!

BEAURAYON.

Et mon fils?

FORMOSE.

Je ne dis pas, mais mon Amélie est au-dessus de toute comparaison.

BEAURAYON.

Il me semble que mon Valentin...

FORMOSE.

Eh bien, cher monsieur, je n'aurais jamais cru qu'elle se serait développée aussi avantageusement.

BEAURAYON.

Qui?

FORMOSE.

Ma fille, parbleu! Est-ce que nous ne parlons pas de ma fille?

BEAURAYON.

Si fait, si fait!

FORMOSE.

Figurez-vous qu'étant petite fille, elle était maigre et chétive... oh! mais chétive!

BEAURAYON.

Ah bah!

FORMOSE.

Nous avons craint un instant de ne pas pouvoir la conserver.

BEAURAYON.

Pourquoi?

FORMOSE.

Parce qu'elle était venue avant terme... à sept mois, mon cher, à sept mois.

BEAURAYON, ému.

Vous avez dit à sept mois?

FORMOSE.

Oui.

BEAURAYON.

Sept... au lieu de neuf...

FORMOSE.

Parfaitement !

BEAURÀYON.

C'est-à-dire que logiquement elle aurait dû venir au monde le 15 mai 1860?

FORMOSE.

Evidemment. Elle a devancé l'appel.

Il rit.

BEAURAYON.

Vous riez, vous?

FORMOSE.

Ma foi, oui. Pourquoi ne rirais-je pas?... (A part.) C'est un original que ce Beaurayon.

BEAURAYON, dans la plus grande agitation.

Où est Valentin?... où est Valentin?

FORMOSE.

A la danse... apparemment.

BEAURAYON.

A la danse!... il faut que je le trouve, que je lui parle tout de suite... que je l'empêche... Conduisez-moi vers lui, monsieur Formose, il y va de son bonheur, du bonheur de votre fille!

FORMOSE.

Quelle agitation!

BEAURAYON.

Venez! venez!... il faut que je voie Valentin!

Il bouscule Baptiste qui entre avec un plateau chargé de gâteaux.

BAPTISTE.

Ah çà! mais il est fou le père du jeune homme... Là... le mal est réparé... il les mangeront tout de même.

Il sort.

SCÈNE XI

VALENTIN, seul, puis BEAURAYON.

VALENTIN, entrant.

J'ai polké avec elle. Elle a été plus aimable que je ne m'y attendais. Avec de la patience... Elle me prie de l'attendre ici. Que peut-elle avoir à me dire? Ah! encore papa!... Il a l'air tout bouleversé.

BEAURAYON.

Mon fils! mon fils!

VALENTIN.

Eh bien! quoi?

BEAURAYON.

Mon fils, au nom de ce que tu as de plus cher... n'épouse plus!... Je t'en prie, n'épouse plus...

VALENTIN.

Ah çà! papa, vous êtes donc une girouette?... vous me disiez tout à l'heure : épouse.

BEAURAYON.

Tout à l'heure, je ne savais pas, j'ignorais...

VALENTIN.

Quoi?

BEAURAYON.

Je ne peux pas te dire, mais n'épouse plus.

VALENTIN.

N'épouse plus! n'épouse plus!... Pourquoi? sapristi!

BEAURAYON.

Au fait... je conçois ta curiosité. Valentin, sommes-nous seuls?

VALENTIN.

Pour le moment, oui. (A part.) Et Amélie qui va venir !

BEAURAYON.

Ecoute, c'était en 1859.

VALENTIN.

La France était heureuse... je connais ça. Ça va être long, papa.

BEAURAYON.

Nous étions au 15 août, jour de fête... indiqué par le calendrier d'alors... La curiosité plus que tout autre motif, je te le jure...

VALENTIN.

Mais papa, cela m'est bien égal.

BEAURAYON.

La curiosité seule m'avait poussé vers les Champs-Elysées... théâtre des jeux et des ris... Le soir, selon l'usage, il y eut un feu d'artifice tiré sur la place de la Concorde.

VALENTIN.

A neuf heures.

BEAURAYON.

A neuf heures... neuf heures un quart... j'étais hale tant... Tout à coup une jeune fille se jette dans mes bras.

VALENTIN.

Pourquoi faire?

BEAURAYON.

Une baguette lui était tombée sur la tête.

VALENTIN.

Très dangereuses, les baguettes de feu d'artifice.

BEAURAYON.

Certes... tu juges de mon embarras... une jeune fille isolée de ses parents... Avec mon caractère chevaleresque, je l'emportai à l'hôtel le plus voisin, faubourg Saint-Denis.

VALENTIN.

Comment, faubourg Saint-Denis?... de la place de la Concorde !

BEAURAYON.

Ou rue de Suresnes, je ne me souviens plus bien.

VALENTIN.

Dame !... au bout de dix-neuf ans.

BEAURAYON.

Ah! Valentin, qu'elle était belle dans le désordre où la peur l'avait mise !... Lorsqu'elle se réveilla...

VALENTIN.

Elle s'était donc endormie ?

BEAURAYON.

Je ne sais pas au juste... Tout ce que je puis te révéler, c'est que cette jeune fille est aujourd'hui une femme faite.

VALENTIN.

Parbleu !

BEAURAYON.

Très bien encore... Elle s'appelait Mélanie...

VALENTIN.

Mais, mon père...

BEAURAYON.

Tais-toi !... tais-toi ! Enfouis ce secret au plus profond de ton cœur. Elle est mariée aujourd'hui... il ne m'appartient pas de lever les masques... Voilà pourquoi je te répète : Valentin, mon fils, n'épouse pas ! n'épouse pas !... (Tombant assis sur le canapé.) Ouf ! je suis soulagé !

VALENTIN.

Mais sapristi... Je n'y comprends rien. Je crois que mon père est devenu fou!... Ah! mademoiselle Amélie!...

SCÈNE XII

LES MÊMES, AMÉLIE.

AMÉLIE.

Monsieur Valentin, vous m'avez promis un entretien.

VALENTIN.

Je vous attendais, mademoiselle... Monsieur Beaurayon vous n'êtes pas de trop, au contraire.

BEAURAYON.

Mais je n'ai pas l'air de vouloir m'en aller, sois tranquille!

AMÉLIE.

Monsieur Valentin, je viens faire un dernier appel à vos sentiments de galant homme.

VALENTIN.

Mademoiselle, il me semble que tout est terminé... le contrat...

BEAURAYON.

Non, tout n'est pas terminé!... Non!... un contrat qu'est-ce que cela? En s'entendant à l'amiable, ça se déchire, ça se piétine!

AMÉLIE.

N'est-ce pas, monsieur Beaurayon?

BEAURAYON.

Absolument!

VALENTIN, à part.

Mais papa, vous m'êtes désagréable!

BEAURAYON.

Je le sais bien, il le faut.

VALENTIN.

Comment, il le faut?... Vous m'avez donné votre consentement sur papier timbré. Laissez-moi agir à ma fantaisie!

AMÉLIE.

Soyez généreux, monsieur Valentin.

BEAURAYON.

Elle a raison, cette petite, elle ne t'aime pas, elle a la franchise de te le dire.

VALENTIN.

Mais je l'aime, moi.

BEAURAYON.

D'amitié, c'est convenu, rien que d'amitié!

VALENTIN.

Et puis les choses sont tellement avancées que je ne peux pas raisonnablement......

AMÉLIE.

Vous pouvez dire non demain à la mairie.

BEAURAYON.

Certainement, il peut dire non... il dira non... Tu diras non, Valentin!

VALENTIN.

Vous n'y songez pas, mon père, dans une ville comme Reims, un tel scandale... pour vous-même, mademoiselle, c'est impossible.

BEAURAYON.

Bah! bah! tout s'arrangera, j'en fais mon affaire... il dira non!

AMÉLIE, avec élan.

Ah! merci, monsieur Beaurayon! il faut que je vous embrasse pour cette bonne promesse!

> Elle lui saute au cou.

BEAURAYON, à part.

Ce baiser m'a été là...

VALENTIN.

Oh! la famille! oh! le despotisme!

SCÈNE XIII

Tous les Personnages de l'acte.

Musique.

MADAME FORMOSE.

Eh bien! nous vous cherchons partout; qu'est-ce que vous avez donc à conspirer tous les trois?

FORMOSE.

Ah! la petite sournoise!... Elle court déjà après son mari!

BEAURAYON, à part.

Son mari... pas encore!

AMÉLIE, à part, en regardant Valentin.

C'est singulier, il me déplaît moins depuis qu'il n'a plus son air moqueur... Est-ce qu'il m'aimerait réellement?

BEAURAYON, à part.

Allons, tout ira bien, grâce à la petite!... mais quelle
alerte!

Il s'essuie le front.

FORMOSE.

Mes enfants, la danse vous réclame... Entendez-vous
l'archet de la folie?

SAINT-OLIVE.

Un instant, s'il vous plaît... mes deux amis et moi
nous avons à vous annoncer une bonne nouvelle. (Rumeur.)
Nous venons de recevoir un télégramme de nos femmes.
Ces dames seront demain à Reims pour la bénédiction
nuptiale.

Il lance des regards narquois à Valentin.

M. et MADAME FORMOSE!

Ah! bravo! bravo!

BEAURAYON, s'affaissant, à part.

Leurs femmes!... il ne manquerait plus que ça.

MADAME FORMOSE, venant à lui d'un air gracieux.

Monsieur Beaurayon, faut-il donc que ce soit moi qui
vienne vous rappeler votre engagement?

BEAURAYON.

Oh! pardon, belle dame! mille pardons... (A part.) Elle
ne m'a pas reconnu! tant mieux!

MADAME FORMOSE.

Vous allez me faire danser en attendant le feu d'artifice.

BEAURAYON.

Le feu d'artifice!!!

MADAME FORMOSE.

Mais oui... à onze heures... dans le jardin! Je raffole des feux d'artifice!

BEAURAYON, étourdiment.

Comment! encore! (A part.) Sapristi, pourvu qu'il ne lui tombe pas une nouvelle baguette sur la tête!

On se place pour le quadrille. — Rideau.

ACTE TROISIÈME

SCÈNE PREMIÈRE

BEAURAYON, seul, arrivant par le fond ; consterné.

Valentin a dit : oui ; Amélie a dit : oui ! Ils ont dit : oui, tous les deux, devant M. le maire en personne environné de son écharpe. Le sort en est jeté : Valentin mon fils est le mari... Brrrr !.... Deux heures du matin..... Dans quelques minutes, les époux, selon l'usage, vont lâcher les invités et s'enfuir sans bruit pour s'enfermer dans leur appartement..... J'en frémis des pieds à la tête !.... Que faire pour empêcher... Non, j'ai beau chercher... je ne trouve pas un moyen ingénieux. Pourtant il faut à tout prix séparer ces deux êtres... Mais ce n'est pas tout, les femmes de Taphanel et de Saint-Olive, qui sont arrivées, ont cherché à me parler toute la journée. Je les évite depuis ce matin, car si leurs maris apprenaient que ce n'est pas Valentin qui est coupable... Ah ! ce serait du propre. Oh ! les folies de jeunesse ! l'heure de l'expiation a sonné au cadran de la morale humaine! (Remontant.) Allons, voyons, ne nous laissons pas abattre.

Regardant au fond.

SCÈNE II

BEAURAYON, TAPHANEL, SAINT-OLIVE, COSROÈS, ZÉLIA, JEANNE.

Toutes deux en toilette de bal.

SAINT-OLIVE, à la cantonade.

Mesdames, voici M.   eaurayon père.

BEAURAYON.

Je suis pincé.

TAPHANEL.

Ah! ce n'est pas malheureux, Beaurayon père. Cette fois-ci nous vous tenons.

SAINT-OLIVE.

Toute la journée vous nous avez glissé dans la main.

BEAURAYON, embarrassé.

Le hasard, croyez-le, un jour comme celui-ci......

ZÉLIA.

Nos maris, monsieur, avaient raison de nous dire que vous étiez un véritable serpent.

BEAURAYON.

Un serpent, moi! (Zelia et Jeanne le regardent, à part.) Ah! e ne suis pas à mon aise!

Il va pour sortir, Jeanne se pose devant lui.

JEANNE, d'un ton aimable.

Vous nous fuyez, monsieur. Est-ce que vous avez peur de nous?

BEAURAYON.

Peur de vous, mesdames! Allons donc! quand on est aussi jolies!

ZÉLIA.

Vous êtes galant, monsieur Beaurayon.

BEAURAYON.

On fait ce qu'on peut, mais ce soir... non, je ne suis pas en verve, vous savez, je viens de marier mon fils.

TAPHANEL, regardant les femmes.

Oui, son fils unique, Valentin Beaurayon. Le joli Valentin, le bourreau des cœurs. Il fait une fin. Ah! cela doit déplaire à beaucoup de dames de ma connaissance.

COSROÈS.

Vous croyez...

SAINT-OLIVE.

Oui... mais elles dissimulent. (Il remonte.) Ah! ah! j'aperçois les deux jeunes mariés qui se dirigent de ce côté.

BEAURAYON, vivement.

Voyons.

SAINT-OLIVE.

Amélie s'appuie amoureusement sur le bras de son époux. Ils s'embrassent.

BEAURAYON.

Ils s'embrassent!.. c'est vrai.

SAINT-OLIVE, à Beaurayon.

On dirait que cela vous contrarie.

BEAURAYON.

Moi! pouvez-vous penser! Au contraire.

SAINT-OLIVE.

Allons, cédons la place à ces tourtereaux.

JEANNE.

J'espère, monsieur Beaurayon, que vous allez faire votre rentrée dans le bal. Il n'est que deux heures. (Bas.) J'ai à vous parler tout à l'heure ici.

BEAURAYON.

Ah! vous avez...

ZÉLIA, bas, à Beaurayon.

Dans un quart d'heure. Trouvez-vous dans ce salon. J'ai à vous parler.

BEAURAYON, à lui-même.

Elle aussi... Que diable les emporte!

TAPHANEL.

Allons, mesdames, venez.

SAINT-OLIVE.

Ces jeunes gens ont besoin d'être seuls.

COSROÈS.

Retournons au bal, monsieur Beaurayon.

BEAURAYON, à part.

Les laisser seuls, jamais...

Sortie générale.

SCÈNE III

VALENTIN, AMÉLIE, puis BEAURAYON.

VALENTIN.

Enfin, ma chère Amélie, nous voilà seuls.

AMÉLIE.

Seuls. (Regardant.) C'est vrai.

VALENTIN.

Que vous êtes jolie !

AMÉLIE.

Monsieur, vous êtes un flatteur. Vous n'avez pourtant plus besoin d'être galant, puisque vous voilà mon mari.

VALENTIN.

Vous croyez? Eh bien! vous vous trompez, ma chère Amélie, car je me suis promis de n'être pas seulement pour vous un mari, mais encore un...

AMÉLIE, avec curiosité.

Un... quoi? Achevez votre phrase.

VALENTIN.

Je vous dirai le mot plus tard!

AMÉLIE.

Quand cela?

VALENTIN.

Quand nous nous connaîtrons mieux.

AMÉLIE.

Il est vrai que nous ne nous connaissons pas beaucoup. Dire qu'il y a quarante-huit heures seulement nous ne nous étions pas encore vus, et qu'à présent nous sommes mari et femme! ça me semble tout drôle.

VALENTIN.

Le regrettez-vous?

AMÉLIE, vivement.

Oh! je n'ai pas dit cela!

VALENTIN.

Méchante!... Vous m'aviez pourtant supplié de dire non à la mairie.

AMÉLIE.

C'est vrai.

VALENTIN.

Et si je vous avais obéi?

AMÉLIE.

Je vais être franche, vous m'auriez fait beaucoup de peine.

VALENTIN.

Bien vrai?

AMÉLIE.

Bien vrai!

VALENTIN, l'embrassant.

Qu'elle est gentille!... Oh! ma petite femme, que je t'aime!

BEAURAYON, revenu, dans le fond; à part.

Ah! mais! ah! mais!

AMÉLIE, confuse.

Valentin, si nous retournions à ce bal!

VALENTIN.

Au bal .. mais il est fini, le bal.

AMÉLIE.

Comment, il est fini?...

VALENTIN.

Il est fini pour nous. Il nous faut rentrer, ma chère amie, c'est l'usage.

AMÉLIE.

Rentrer... Où cela?

VALENTIN.

Dans notre appartement.

AMÉLIE, baissant les yeux.

Si tôt...

VALENTIN.

Si tôt? Oh! le vilain mot...

AMÉLIE.

Je l'ai dit, mais je ne l'ai pas pensé.

VALENTIN, avec feu.

Ah! ma petite femme, tu es un ange.

Il l'embrasse plusieurs fois.

BEAURAYON, caché.

Ah mais! ah mais! ah mais!

VALENTIN.

Eh bien! venez... (Montrant la porte de droite.) Il est là, ce joli nid que des parents prévoyants ont préparé pour nous.

AMÉLIE.

Ah! vous savez que c'est là?

VALENTIN, avec un sérieux comique.

Allons, madame Beaurayon, (Il lui montre la porte.) obéissez à votre époux.

AMÉLIE, allant vers la porte.

J'obéis. La femme doit obéissance à son mari, M. le maire me l'a dit. J'obéis, monsieur mon mari, j'obéis. (Valentin veut la suivre.) Ah! non, pas tout de suite, vous viendrez tout à l'heure.

VALENTIN.

Pourtant...

AMÉLIE, bien tendrement.

Tout à l'heure, mon petit mari. (Elle entre en lui envoyant des baisers.) Soyez patient... tout à l'heure.

Elle disparaît.

SCÈNE IV

VALENTIN, BEAURAYON.

VALENTIN, joyeux.

Ah! décidément, ma femme est ravissante. Et mon père qui, pour je ne sais quelle raison, voulait me voir rompre ce mariage! (Il regarde la porte.) Elle est là. C'est bizarre, j'ai eu dans ma vie bien des aventures... quelques émotions... Eh bien! je n'ai jamais ressenti ce que je ressens en ce moment... C'est qu'aussi la femme qui est là, ce n'est plus une Trémoussette... Ah! que le temps me semble long... Tout à l'heure, m'a-t-elle dit... ah! je n'y tiens plus, et ma foi je vais...

Il se dirige vers la porte. — Beaurayon qui se tenait dans le fond
se pose devant lui pour l'empêcher d'entrer.

BEAURAYON, menaçant.

Valentin, tu ne franchiras pas le seuil de cette porte!

VALENTIN.

Eh quoi, c'est encore vous, mon père?

BEAURAYON.

Oui, c'est encore moi.

VALENTIN.

Vous avez l'air bien agité.

BEAURAYON.

On le serait à moins.

VALENTIN.

Depuis hier, mon cher père, je ne sais pas ce que vous avez, mais vous ne me paraissez pas être dans votre assiette ordinaire.

BEAURAYON.

Il ne s'agit pas d'assiette... Valentin, le moment est solennel.

VALENTIN.

Oh! oh! solennel!

BEAURAYON.

Ecoute la voix paternelle qui te dit : N'entre pas ici.

Il montre la porte de droite.

VALENTIN.

Elle a tort, la voix paternelle.

BEAURAYON, avec émotion.

Mon enfant, fuis loin d'ici... abandonne Amélie... Prends l'express de Paris... Va retrouver Trémoussette, Trémoussette, une bonne fille qui n'est pas à dédaigner et qui t'aime. Je sais qu'elle aime aussi les bijoux et les toilettes. Eh bien! donne-lui ce qu'elle te demandera. Je double, que dis-je, je triple ta pension, ruine-moi si tu veux, je ne me plaindrai pas. Mais au nom de ce que tu as de plus cher, mon fils, va-t'en, n'entre pas ici!

VALENTIN.

Ah! par exemple, pour un père, vous me permettrez de vous dire que vous me donnez de singuliers conseils... Enfin, voyons, expliquez-vous, car je ne vous comprends pas.

BEAURAYON.

Tu n'as pas besoin de me comprendre.

5

VALENTIN.

Comment, je n'ai pas besoin de vous comprendre ? Elle est forte, celle-là ! Voyons, mon père, réfléchissez bien. Je suis marié, marié à une femme qui m'aime et que j'adore, elle est charmante, c'est votre avis, n'est-ce pas?

BEAURAYON.

C'est mon avis.

VALENTIN.

Elle est là qui m'attend toute palpitante, et vous voudriez me voir sans raison l'abandonner!... Ah ! ce n'est pas sérieux, n'est-ce pas?

BEAURAYON, à lui-même.

C'est vrai... Il a raison, et je conçois sa surprise, car après tout, je me mets à sa place. Si le jour de mon mariage on m'avait dit au moment où j'allais me retirer avec sa mère dans l'alcôve conjugale : va-t'en! j'avoue que cela m'aurait chiffonné énormément... Mais il est vrai qu'il y a une différence... une différence colossale... Ma femme à moi, ce n'était pas... tandis que sa femme à lui... c'est...

VALENTIN.

C'est quoi ?... Allons, mon père, assez de réticences, vous me faites bouillir.

BEAURAYON.

Bous! bous! cela soulage. Tu as en effet le droit de me demander des explications. (Faisant un effort sur lui-même.) Eh bien! apprends donc...

On entend la voix de madame Formose.

MADAME FORMOSE, à la cantonade.

C'est bon... je reviens dans un instant.

BEAURAYON.

Madame Formose vient ici... Il faut que j'aie avec elle un entretien sérieux.

VALENTIN, à lui-même.

Un entretien avec ma belle-mère, je crois que papa se détraque décidément.

BEAURAYON.

Oui, mon cher Valentin, de cet entretien va dépendre ton bonheur. Laisse-moi, je t'en prie. Va faire un tour de jardin.

VALENTIN.

Cependant... Oh! je reste, car je veux tout savoir.

Il entre dans une pièce à côté.

BEAURAYON.

Voilà la scène à faire.

SCÈNE V

BEAURAYON, MADAME FORMOSE.

MADAME FORMOSE.

Amélie et Valentin ont disparu. (Voyant Beaurayon.) Monsieur Beaurayon...

BEAURAYON.

Oui, belle dame, en personne, enchanté de vous rencontrer seule.

MADAME FORMOSE, étonnée.

Et pourquoi?

BEAURAYON, à part.

Allons, ferme, il n'y a pas un moment à perdre. (Haut.) Madame Formose?

MADAME FORMOSE, riant.

Monsieur Beaurayon?... (A part.) Eh bien, qu'est-ce qu'il lui prend? (Haut.) Dites-moi, avez-vous vu ma fille?

BEAURAYON.

Votre fille!... Amélie?

MADAME FORMOSE, souriant.

Parbleu, je n'en ai pas plusieurs.

BEAURAYON.

Vous pourriez en avoir plusieurs... Allons, bien, je dis une bêtise... l'émotion...

MADAME FORMOSE.

Quelle émotion? Ce n'est pas vous qui vous mariez !

BEAURAYON.

C'est vrai... ce n'est pas moi... J'aurais préféré que ce fût moi, mais ce n'est pas moi.

MADAME FORMOSE, à part.

A-t-il l'air singulier, ce M. Beaurayon! (Haut.) Alors, vous savez où est Amélie?

BEAURAYON, avec importance.

Oui... je le sais.

MADAME FORMOSE.

Où est-elle?

BEAURAYON, avec un soupir montrant la porte où est entrée Amélie.

Elle est là...

MADAME FORMOSE.

Ah! elle est là... et M. votre fils?...

BEAURAYON.

Lui... c'est différent, il n'est pas encore là.

MADAME FORMOSE.

Tant mieux! j'avais peur, et je vais...

Elle va pour entrer.

BEAURAYON, la retenant.

Un instant, madame Formose. (Lui souriant.) Un instant, je vous prie.

MADAME FORMOSE.

Mais qu'y a-t-il? vous prenez des airs mystérieux.

BEAURAYON.

Permettez-moi, madame, de vous demander pourquoi, lorsque je vous ai appris que mon fils n'était pas là, (il montre la porte.) vous vous êtes écriée, avec une joie très marquée : Tant mieux! j'avais peur... Pourquoi aviez-vous peur?

MADAME FORMOSE.

Ah!... monsieur, votre question est embarrassante au dernier point... Je suis femme, et...

BEAURAYON.

Et?

MADAME FORMOSE.

Et je craignais que votre fils eût déjà pénétré chez ma fille avant qu'elle eût reçu de moi, sa mère, les recommandations qui... que... enfin vous me comprenez... c'est la tradition.

BEAURAYON.

Ah! oui! cette tradition qui consiste à apprendre à nos filles ce qu'elles savent aussi bien que nous... Alors, c'est pour ça seulement?

MADAME FORMOSE.

Mais pourquoi voudriez-vous que ce fût? (A part.) Allons, au revoir, monsieur Beaurayon!

Fausse sortie.

BEAURAYON.

Madame Formose?

MADAME FORMOSE, impatientée.

Monsieur Beaurayon?... Ah! voici madame Taphanel.

BEAURAYON.

Au diable l'importune qui vient nous déranger juste au

moment où j'allais... Madame, nous reprendrons tout à l'heure cet entretien. Je ne bouge pas de cette porte. Je vous attends.

MADAME FORMOSE, à part.

Comment? il m'attend.

Elle rentre.

SCÈNE VI

BEAURAYON, ZÉLIA, puis JEANNE.

ZÉLIA, entrant, criant.

Je vous retrouve donc !...

BEAURAYON.

Chère amie, parlez plus bas.

ZÉLIA.

Et vos serments, ingrat?

BEAURAYON.

Mes serments ingrats?

ZÉLIA.

Qu'êtes-vous devenu, monstre? Voilà trois longs mois que je n'ai eu de vos nouvelles.

BEAURAYON.

Trois mois !... vous croyez qu'il y a trois mois?... Comme le temps passe vite.

ZÉLIA.

Loin de moi. Vous êtes poli !

BEAURAYON.

Vous prenez tout en mal, ma chère petite, j'ai voyagé...

ZÉLIA.

Ah! vous avez voyagé... Seul?

JEANNE, entrant.

Madame Taphanel avec Beaurayon!

BEAURAYON.

Bon! voilà l'autre crampon!

JEANNE.

Vous connaissez donc bien M. Beaurayon, ma chère Zélia?

ZÉLIA.

Et vous, ma chère Jeanne?

JEANNE.

Hélas! pour mon malheur!

BEAURAYON.

Elles sont gentilles pour moi.

ZÉLIA.

Il m'a écrit des lettres incendiaires.

JEANNE.

A moi aussi.

ZÉLIA.

C'est trop fort! Est-ce vrai?

BEAURAYON.

Je raffole de l'art épistolaire.

JEANNE, hors d'elle.

Eh bien, apprenez donc ceci, monsieur Beaurayon: vos lettres qui étaient soigneusement enfermées dans un coffret, vos lettres m'ont été soustraites.

ZÉLIA.

J'ai à vous en dire autant.

JEANNE.

Qui peut les avoir volées?

BEAURAYON.

Je le sais, moi...

TOUTES DEUX.

Parlez !

BEAURAYON.

Ce sont vos maris.

TOUTES DEUX, ensemble.

Nos maris! se peut-il?

BEAURAYON.

Ils ont cru qu'elles étaient de Valentin, mon fils, et ils ont fait expier à cet innocent les fautes de son père.

LES DEUX FEMMES.

Que lui ont-ils fait?

BEAURAYON.

Vous le savez bien : ils l'ont marié !

LES DEUX FEMMES.

Ah! pauvre jeune homme!

BEAURAYON.

Ils l'ont marié avec la seule femme qu'il n'avait pas le droit d'épouser.

LES FEMMES.

Que voulez-vous dire?

BEAURAYON.

Rien !... je vous expliquerai.

MADAME FORMOSE, en dehors.

Adieu, Amélie. Dors bien, mon enfant.

BEAURAYON.

Madame Formose! Mesdames, je vous en supplie, par-

tez, laissez-moi, j'ai à causer avec la belle-mère de mon
fils.

ZÉLIA, le pinçant.

Nous savons ce que cela signifie...

JEANNE, même jeu.

La belle-mère aussi !

BEAURAYON, se débattant.

Non, mesdames, ce n'est pas ce que vous croyez, je
vous jure.

ZÉLIA.

C'est bien... nous vous laissons.

JEANNE.

Mais, redoutez notre colère.

BEAURAYON.

Turlututu!... Je n'ai rien à craindre de celles-ci. Elles
ont autant d'intérêt que moi à garder le silence... Ah!
madame Formose...

Elles sortent.

SCÈNE VII

BEAURAYON, MADAME FORMOSE.

MADAME FORMOSE, entrant et voyant Beaurayon.

Ah! vous êtes encore là, monsieur.

BEAURAYON.

Oui, madame, je vous attendais.

MADAME FORMOSE.

Eh bien! qu'avez-vous à me dire? Je vous écoute... il
est tard, et...

5.

BEAURAYON.

Madame... je ferai tous mes efforts pour être bref. C'est avec peine, croyez-le, madame, que je vais faire revivre un passé que je croyais mort depuis longtemps, mais il le faut.

MADAME FORMOSE, intriguée.

Un passé, dites-vous?

BEAURAYON.

Oui, madame. Regardez-moi bien...

MADAME FORMOSE.

Je vous regarde, monsieur Beaurayon, je vous regarde...

BEAURAYON.

Ma tête ne vous rappelle aucun souvenir?

MADAME FORMOSE.

Votre tête?...

BEAURAYON.

Oui, ma tête, mes yeux, mon nez... Cherchez bien. Non, je vous en prie, cherchez bien. Il est vrai que dix-neuf ans d'une vie agitée changent bien un homme. J'ai pris depuis un peu d'embonpoint.

MADAME FORMOSE.

Je vous assure, monsieur, que je ne comprends pas un mot...

SCÈNE VIII

Les Mêmes, FORMOSE et VALENTIN, cachés.

FORMOSE, apparaissant par le fond.

Tiens! ma femme seule avec Beaurayon père... que peuvent-ils se dire?

Il se glisse derrière le paravent et écoute.

BEAURAYON, continuant.

Alors, madame, puisque vous persistez à ne pas vouloir me reconnaître, je vais vous rappeler des faits qui vous rendront la mémoire moins rebelle.

Il feuillette son carnet.

MADAME FORMOSE.

Rappelez, monsieur Formose, rappelez, mais pas de paroles inutiles; on pourrait à juste titre s'étonner de mon absence prolongée.

FORMOSE, de sa cachette.

Bon!

VALENTIN, passant sa tête par la [porte de droite.

Ah! enfin mon père va parler... Je saurai tout.

BEAURAYON, feuilletant son carnet.

Ecoutez... 1859, le 15 août, le feu d'artifice, l'hôtel.

MADAME FORMOSE.

Quel hôtel?

BEAURAYON.

Nous étions jeunes tous deux, madame.

FORMOSE.

Qu'entends-je!

VALENTIN.

J'ai peur de comprendre...

BEAURAYON.

Vous étiez charmante, le hasard vous avait jetée dans mes bras...

MADAME FORMOSE.

Dans vos bras!...

BEAURAYON.

N'en rougissez pas. J'avoue que j'ai été pressant, et que si la faute fut grande, vous avez pour vous des circonstances atténuantes.

FORMOSE.

Ah! j'en apprends de belles!

BEAURAYON.

Vous étiez évanouie. Le plus malheureux, c'est que sept mois après .. vous mettiez au monde un enfant du sexe féminin, une fille qui, par des circonstances extraordinaires, se trouve être aujourd'hui la femme de mon fils... Oh! horreur!

MADAME FORMOSE, furieuse.

Mais, monsieur, vous êtes fou!

VALENTIN.

Ah! j'en sais assez!　　　　　　　　　Il sort.

BEAURAYON.

Si vous aviez été libre, je vous eusse épousée pour légitimer ma faute, car j'ai bien souvent pensé à vous.

MADAME FORMOSE, hors d'elle.

Monsieur, c'en est trop, vous avez dépassé la limite des convenances. Je vous cède la place, et quand vous aurez retrouvé votre raison...

Elle va pour sortir, Formose apparaît les bras croisés, d'un air menaçant.

FORMOSE, avec dignité.

Demeurez, madame, demeurez.

MADAME FORMOSE, tombant sur un fauteuil.

Mon mari !

BEAURAYON.

Il ne manquait plus que ça !

FORMOSE, à Beaurayon.

Monsieur, j'ai tout entendu...

BEAURAYON.

Me voilà dans de jolis draps !

FORMOSE.

La qualité des draps n'y fait rien. J'ai tout entendu, tout.

BEAURAYON.

Tout ! tout ! Ah bah ! Eh bien ! au fait, j'aime autant ça ! Advienne que pourra, j'ai fait mon devoir.

Madame Formose va pour parler.

FORMOSE, avec autorité.

Taisez-vous, épouse ternie. (A Beaurayon.) Monsieur, vous avez des preuves à l'appui de ce que vous venez d'avancer ?

BEAURAYON.

Des preuves... Vous êtes bon, vous ! Je n'en ai qu'une, hélas ! c'est Amélie, je trouve qu'elle est suffisante... Ah ! si, j'ai encore mon carnet...

FORMOSE.

Votre carnet ?

BEAURAYON.

Lisez, monsieur, page 37. Amours passagères...

FORMOSE, avec indignation, prenant le carnet.

Amours passagères !... 15 août 1859. Feu d'artifice. Mélanie Minard. Mais, monsieur, ma femme ne s'appelle pas Mélanie...

BEAURAYON.

Gaëtana pour vous, Mélanie pour moi! Je regrette d'être obligé de lever les voiles, mais vous comprendrez bien que votre fille, qui n'est pas votre fille puisque c'est la mienne, a épousé mon fils qui est bien mon fils, lui... et non le vôtre...

FORMOSE.

Quelle complication, grand Dieu!

MADAME FORMOSE, à Beaurayon.

Mélanie Minard, avez-vous dit? Ah!

Donnant un portrait.

BEAURAYON.

Qu'est-ce que c'est que ça?... Une miniature. Ah! votre portrait.

Il l'embrasse.

FORMOSE.

Comment! il embrasse le portrait de ma femme devant moi?

MADAME FORMOSE.

Non, ce n'est pas mon portrait, c'est celui de Mélanie, ma sœur.

FORMOSE, regardant.

En effet, je la reconnais.

BEAURAYON.

Votre sœur, avez-vous dit?

FORMOSE.

Oui, Mélanie Minard, elles se ressemblent comme deux gouttes de champagne!

BEAURAYON.

Mais alors, Amélie n'est pas ma fille.

FORMOSE.

Je l'espère bien.

MADAME FORMOSE.

Vous n'avez pas de fille, monsieur, mais un autre fils.

BEAURAYON.

Eh quoi?

FORMOSE.

Oui, et venu à terme, celui-là.

BEAURAYON.

Madame, je suis veuf et je vous jure que si je retrouve Mélanie, eh bien! je réparerai ma faute.

MADAME FORMOSE.

Monsieur Beaurayon, vous êtes un honnête homme!

SCÈNE IX

Les Mêmes, BAPTISTE.

BAPTISTE.

Une lettre pour M. Beaurayon père.

BEAURAYON.

Pour moi? Ah! l'écriture de Valentin. (Il lit.) « Mon
» père, quand vous recevrez cette lettre, j'aurai quitté
» Reims. J'ai été ridicule une fois, je ne le serai pas deux.
» Je donne ma démission de mari. Que mon beau-père
» m'absolve, comme je vous pardonne. Adieu. Votre fils,
» Valentin. »

FORMOSE.

Mon gendre est parti, il faut courir après lui. Valentin!
Valentin!

SCÈNE X

Les Mêmes, SAINT-OLIVE, TAPHANEL, COSROÈS,
ZÉLIA, JEANNE, AMÉLIE, en peignoir.

TOUS.

Qu'y a-t-il?

BEAURAYON.

Mon fils vient de m'écrire qu'il part... voici sa lettre...

AMÉLIE.

Est-ce possible?

TAPHANEL.

Oh! nous le rejoindrons à la gare.

COSROÈS, sortant.

J'y cours...

BAPTISTE.

Et moi aussi.

Baptiste sort aussi.

SAINT-OLIVE.

Ah! le déserteur!

BEAURAYON.

Messieurs, je vous en prie, rattrapez-le moi, je n'ai
plus de jambes. Attendez, je vais vous donner un mot qui
le fera revenir de bonne volonté.

AMÉLIE, à sa mère.

Ah! maman, je le savais, il ne m'aime pas!

Elle tombe sur un fauteuil.

MADAME FORMOSE.

Console-toi, ma fille.

BEAURAYON, à Saint-Olive.

Voilà le mot.

SAINT-OLIVE, le regardant.

Ciel! que vois-je? cette écriture... Taphanel, montrez vos lettres.

TAPHANEL.

Les lettres de Beaurayon?

SAINT-OLIVE.

Oui... Ah! la même écriture. Mais alors...

LES FEMMES.

Grands dieux!

SAINT-OLIVE, à Beaurayon.

Monsieur, c'est vous et non votre fils qui avez adressé ces billets doux à nos femmes?

TAPHANEL.

Nom d'un mât... nous avons fait fausse route!

BEAURAYON.

Vous faites erreur, messieurs, car mon fils et moi, nous avons la même écriture, absolument la même.

SAINT-OLIVE.

Il est facile de s'en convaincre, puisque vous avez à la main une lettre de votre fils...

BEAURAYON.

Pincé!... Eh bien! oui, messieurs, c'était moi, je l'avoue à la fin.

TAPHANEL.

Nom d'un brick, ça crie vengeance!

SAINT-OLIVE.

Et nous qui avons marié le fils!

TAPHANEL.

Il faut remarier le père.

BEAURAYON.

Vous n'aurez pas cette peine, ce sera fait avant

peu ; mais ce que je puis vous dire, messieurs, c'est que malgré les lettres, votre honneur est sauf.

TAPHANEL, méfiant.

Est-ce vrai?

BEAURAYON, bas, à Taphanel.

Madame Taphanel est pure, je vous le promets, seulement madame Saint-Olive... ah! ah!

TAPHANEL, riant.

Ah bah! farceur!

SAINT-OLIVE, même jeu.

Beaurayon père, vous avez dit la vérité?

BEAURAYON.

Mon ami, madame Saint-Olive est innocente, seulement, madame Taphanel... ah! ah!...

SAINT-OLIVE.

Ah! je comprends... très drôle!... Eh bien! Taphanel, nous sommes contents.

BEAURAYON, à part.

Allons, ils sont d'une bonne pâte.

SCÈNE XI

Tous Les Personnages.

VALENTIN, criant.

Voulez-vous me lâcher à la fin?

BAPTISTE.

On m'a dit de vous ramener de force.

CSROÈS.

Oui, mon ami, marchez de bonne volonté.

TOUS.

Enfin, le voilà...

BEAURAYON, le prenant dans ses bras.

Valentin, tu peux aimer Amélie sans remords.

Il lui parle à l'oreille.

VALENTIN.

Vrai?

BEAURAYON.

Puisque je te le dis...

TAPHANEL.

Mon cher Valentin... nous avons bien des excuses à
vous faire.

SAINT-OLIVE et COSROÈS.

C'est vrai!...

BEAURAYON.

Je pars demain matin.

TOUS.

Où allez-vous?

BEAURAYON.

Au Lac Salé, à la recherche de Mélanie.

TAPHANEL.

Je vous emmène à mon bord.

SAINT-OLIVE.

Je vous accompagnerai.

VALENTIN, bas, à Beaurayon.

Quel changement chez ces messieurs !...

BEAURAYON.

Silence ! ce sont les dindons de la farce.

Rideau.

FIN

Imprimerie générale de Châtillon-sur-Seine. — Jeanne Robert.